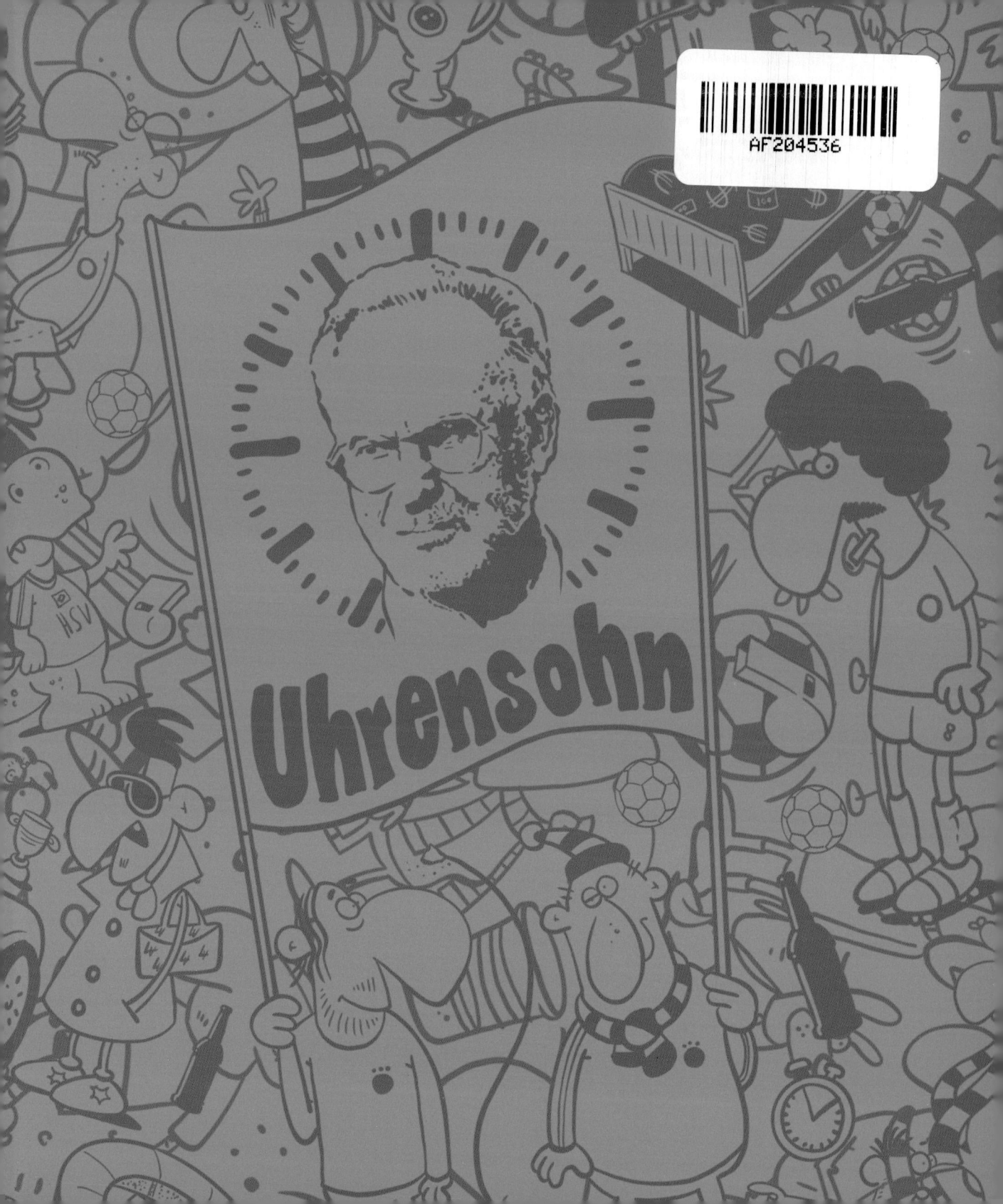

Bildnachweis:
Seite 5: © Stefano Tammaro by shutterstock.com
Cover, Seiten 5, 10, 20, 28, 36, 44, 52,62, 74, 80, 90, 100, 110, 122–125: © OSJPHOTO by shutterstock.com

Wir produzieren nachhaltig
- Klimaneutrales Produkt
- Papiere aus nachhaltigen und kontrollierten Quellen
- Hergestellt in Europa

FSC
www.fsc.org

MIX
Papier | Fördert gute Waldnutzung
FSC® C002795

2. Auflage 2024

– Originalausgabe –

ISBN 978-3-8303-6427-6

© 2024 Lappan Verlag in der Carlsen Verlag GmbH,
Völckersstr. 14–20, 22765 Hamburg

Herausgeber: Oli Hilbring

Texte: Ben Redelings

© für die Cartoons: bei den jeweiligen Cartoonist:innen

Lektorat: Jessica Link

Herstellung: Monika Swirski

Covergestaltung: Ulrike Boekhoff unter Verwendung eines Cartoons von Oli Hilbring

Folgt uns!
facebook.com/lappanverlag
Instagram.com/lappanverlag
www.lappan.de

So ist Fußball

LAPPAN

Fußball ist gemein, spannend, voller Liebe, ehrlich, manchmal ungerecht, aber nie langweilig. Fußball ist auch lustig, zum Beispiel dann, wenn die besten Zeichner*innen unvorhersehbare und überraschende Cartoons zum Spiel und seinen Randerscheinungen machen. Wenn dann noch der Meister der kuriosen Fußballgeschichten, Autor Ben Redelings, ins Team kommt, steht alles für ein satirisches Spitzenspiel bereit. Grätschen wir mit schwarzem Humor rein in das Leben von Spielern, Trainern, Schiris, Funktionären und, natürlich am aller wichtigsten, den Fans.

Viel Spaß mit **_So ist Fußball!_**

TORWAND FÜR DEUTSCHE
NATIONALELF

TORWAND FÜR HOLLÄNDER

MÄLZER
VS. MATTHÄUS

Nach einem Benefizspiel vor ein paar Jahren in England wollte Tim Mälzer beim Bankett unbedingt ein original unterschriebenes Trikot von Pelé ersteigern. Und es sah gut aus. Mälzer hatte bereits alle Mitbewerber abgeschüttelt – bis auf einen. Lothar Matthäus zeigte sich ebenfalls sehr interessiert. Die Bieterschlacht war eröffnet. Beide trieben das Angebot immer weiter in die Höhe. Doch irgendwann fragte Matthäus seinen Tischnachbarn: »Das sind Pfund, oder? Wie viel sind das denn in Euro?« Als der Rekordnationalspieler die Summe hörte, stieg er lächelnd aus: »Nee, das ist ja viel zu viel!« Mälzer guckte Matthäus grimmig an, bezahlte den Betrag aber sogleich. Schließlich war die Sache ja auch für einen guten Zweck. Kaum war der TV-Koch allerdings an den Tisch zurückgekehrt, beugte sich Matthäus zu seiner Lebensgefährtin hinüber und sagte, für alle Sitznachbarn gut zu verstehen: »Weißt du was? Da ruf ich gleich morgen den Pelé an. Der soll mir mal so ein Trikot schicken. Dann krieg ich das für umsonst.«

Edelkicker im Edelrestaurant

FUSSBALL · EM · ENDSPIEL
DIE SICHERHEIT DER ZUSCHAUER GEHT VOR!

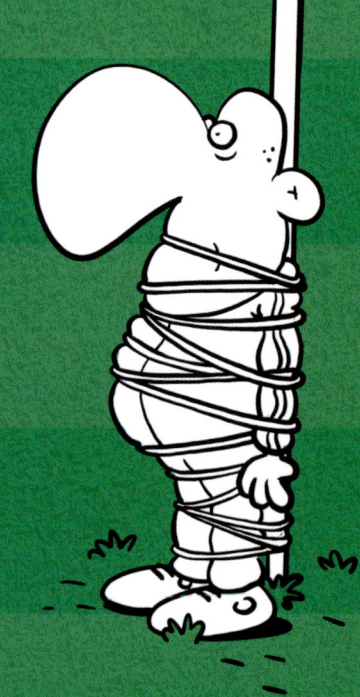

DER PLATZWART AM TORPFOSTEN

Eines Tages verwehrte der Platzwart des FC Homburg seinem Trainer Uwe Klimaschefski die Übungseinheit auf dem Rasenplatz. Stattdessen sollte die Mannschaft auf den Hartplatz ausweichen – denn es war Rosenmontag und der Platzwart hatte keine Lust auf die anschließende Rasenpflege. Doch als der Coach bemerkte, dass der gute Mann »bereits voll wie ein Eimer« war, schickte er seine Jungs dennoch aufs Grün. Das passte dem feierfreudigen Offiziellen natürlich überhaupt nicht und so begann er das Training zu stören. Irgendwann wurde Klimaschefski die Sache zu blöd und er wies einen jungen Spieler an, Sprungseile zu holen. Dann versammelte er die Mannschaft am Mittelkreis: »Ihr geht jetzt runter, nehmt ihn gefangen und fesselt ihn mit den Seilen.« Der wehrlose Platzwart wurde an einen Torpfosten gebunden und mit Bällen beschossen. Klimaschefski erinnert sich: »Der hat einige Bälle vor den Sack bekommen, aber Einknicken ging ja nicht, dafür hatten ihn die Jungs zu gut festgebunden.« Der ganze schaurige Spuk endete, als die Frau des Platzwarts mit einem Brotmesser aus der Vereinsgaststätte gestürmt kam und ihren Mann vom Pfosten losschnitt.

SCHIEDSRICHTER IN SCHEIDUNG

23

Optimismus in Köln

Transferbedingte Konfusion im internationalen Spitzenfußball

26

DER SCHIRI UND DIE DROGEN

Den Namen Byron Moreno nimmt man in Italien bis heute besser nicht in den Mund. Nach Meinung der Südländer hat sie der ecuadorianische Schiedsrichter 2002 bei der WM-Partie gegen Südkorea nach Strich und Faden verpfiffen. Man ist bis heute sogar so sauer, dass auf Sizilien eine Toilettenanlage nach dem Ecuadorianer benannt wurde. Moreno selbst war trotz der Anschuldigungen der Humor offensichtlich nicht vergangen: »Wenn die Italiener über Korruption sprechen, dann nur, weil sie es gewohnt sind, sie selbst zu praktizieren.« Doch der Tag der Abrechnung sollte kommen! Und zwar, als Moreno 2010 am John F. Kennedy International Airport in New York bei einem aufsehenerregenden Kriminaldelikt erwischt wurde. An einem der bestbewachten Flughäfen der Welt versuchte der Schiri tatsächlich, sechs Kilogramm Heroin in Plastiktüten, die er an seinem eigenen Körper befestigt hatte, zu schmuggeln. Danach kannte Italiens Nationalkeeper Gianluigi Buffon keine Gnade mit Moreno: »Sechs Kilo Drogen? Meines Erachtens hatte er die schon 2002, aber nicht in der Unterwäsche, sondern im Körper.«

ALLES WIRD GUT: DIE FIFA-FAMILIE REFORMIERT SICH!

DER VIDEOSCHIRI UND DAS ABSEITS

TUSCHE UND DAS

ELEKTRO KAUFHAUS

Torsten Mattuschka, aka »Tusche«. Als Profi in Cottbus und bei Union Berlin räumte er ganze Trainingslager-Zimmer seiner Kameraden leer, versteckte Autos vollständig unter Schneebergen und zog auf Mannschaftsfotos unten herum blank. Völlig sinnlose Gaga-Aktionen natürlich, die vermutlich gerade deshalb dem restlichen Team so viel Spaß bereiteten. Weniger Freude an Mattuschka hatte allerdings ein großes Kaufhaus für Elektrowaren im Jahr 2013. Damals hatte man dort die wahnwitzige Aktion ins Leben gerufen, dass man sich das Geld für einen Artikel pro Kassenbon zurückholen konnte, wenn man denn – Obacht – einen Treffer auf einer extra aufgebauten Torwand erzielte. Am Ende schaffte Tusche bei 16 Versuchen elf Treffer und ging mit zwei LED-Fernsehern für je 2.000 Euro, zwei Soundanlagen, zwei Druckern, vier iPads, einer Wii mit mehreren Lenkrädern für Mario Kart, einem Handy und einer Kaffeemaschine aus dem Laden. Dann zog er von dannen – und machte seine Familie und einige Freunde sehr glücklich. Und auch die Mitarbeiter des Elektroladens waren froh, denn die hatten Tusche angefleht, doch bitte endlich einmal aufzuhören.

oOttitsch

DER
SCHLAGFESTE
RECHTSVERTEIDIGER

Stadtderbys sind in der Regel keine Kasperlveranstaltungen – erst recht nicht, wenn es sich um die legendären Budapester Duelle handelt. Bei einem Derby stand unter den Anhängerinnen und Anhängern von Ferencvaros Budapest gegen Honved auch die komplette Familie des damaligen Rechtsverteidigers, immerhin ein gestandener Nationalspieler. Und als der sah, dass sein Vater, seine Onkel und Brüder mitten im Tumult einer handfesten Schlägerei steckten, zögerte er keine Sekunde, rannte über die Aschenbahn, kletterte über den Zaun und mischte fleißig mit. Faustschläge eingeschlossen. Wohlgemerkt: Während der laufenden Partie! Erst als ein Mitspieler den Ball ins Aus beförderte und einige Mannschaftskameraden ihren Kollegen aus dem Block herausholten, konnte Ferencvaros die Partie wieder mit elf Mann weiterführen. Übrigens: Nicht lange danach spielte der Klub dann einmal ein ganzes Jahr wegen eines anderen Vorfalls unter Ausschluss der eigenen Fans. Vielleicht war das aber auch besser so!

Alles easy beim FC Bayern

DER HOFFNUNGSTRÄGER

DER
BRENNENDE
KRUSE

Starspieler Max Kruse ist ein angenehm extrovertierter Kerl, der schon einmal den einen oder anderen Mist in seinem Leben gebaut hat. Seine ominöse Taxifahrt, bei der er nach einem Pokerturnier einen Rucksack mit über 70.000 Euro im Kofferraum des Fahrzeugs hat liegen lassen, ist weithin bekannt. Weniger im Fokus ist hingegen eine Geschichte, die Kruse zu seiner Zeit in der Türkei erlebt hat. Dort hat er eines Abends lässig in seinem Bett gechillt. Mit dabei eine Shisha-Pfeife und ein Controller, weil er parallel ein wenig zockte. Und dann ist es passiert: Als Kruse sich ausgelassen über einen Sieg freute, fiel die Shisha um und ließ beinahe das komplette Bett in Flammen aufgehen. Doch glücklicherweise konnte Kruse den Brand noch rechtzeitig löschen, sodass am Ende nur sein Laken und ein wenig von der Matratze durchgebrannt waren. Auf den Schreck gönnte sich der Schokopasten-Fan dann erst einmal eine schöne Schnitte mit Nutella.

56

Fan-Versöhnung ist möglich

DESINFIZIEREN MIT BACARDI

Sommer 1982. Der Durchfall hat die deutsche Fußball-nationalmannschaft vor dem Halbfinale gegen Frankreich bei der Weltmeisterschaft fest im Griff. Bundestrainer Jupp Derwall ist verzweifelt und fragt in die Runde, was man denn dagegen tun könne. Bremens Uwe Reinders antwortet gelassen: »Also wir haben da nie Probleme mit. Wir desinfizieren immer alles mit Bacardi.« Paul Breitner ergänzt wissend: »Stimmt, Trainer. Wir trinken vor Südamerika-Reisen auch immer Whiskey und haben nie Probleme.« Sofort packt sich Derwall den maladen Stürmer Klaus Fischer und geht mit ihm zur Bar. Auch die anderen Spieler mit Durchfall versammeln sich nach und nach rund um den Tresen. Nach einigen Minuten gesellt sich Uwe Reinders ebenfalls zu seinen Kollegen an die Bar. Lächelnd ruft er in die gesellige Runde: »Mensch, Trainer, jetzt rumort es bei mir auch schon!« Doch Derwall bleibt hart: »Nee, Uwe, nur die Kranken, nur die Kranken!« Übrigens: Im siegreichen Halbfinale konnten anschließend tatsächlich alle zuvor maladen Spieler antreten. Ein Hoch auf das Desinfizieren mit Bacardi!

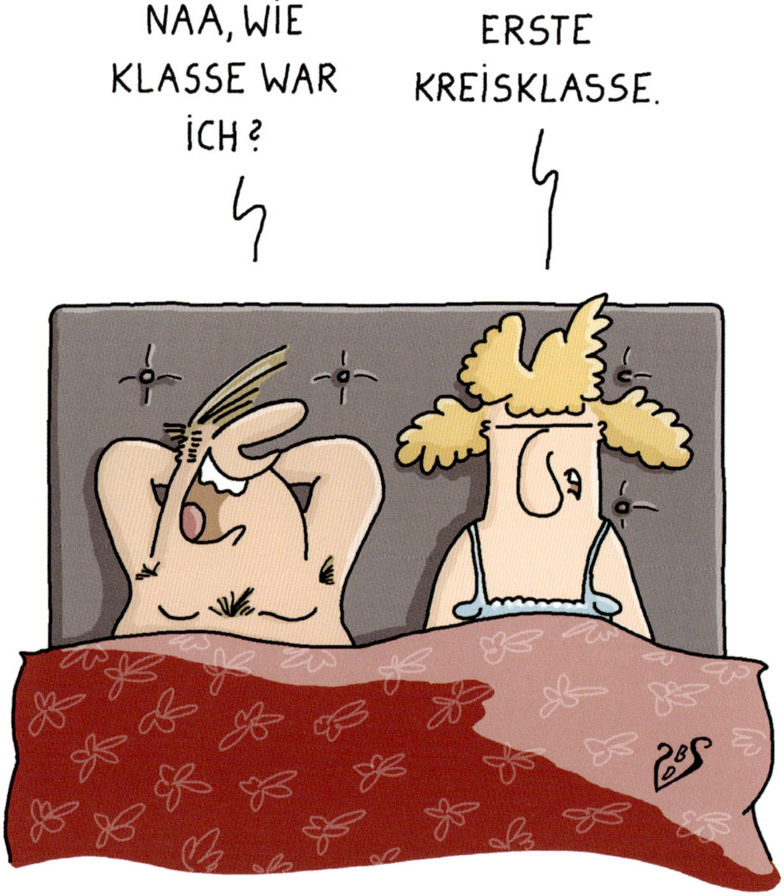
NAA, WIE KLASSE WAR ICH?
ERSTE KREISKLASSE.

KUNG - FOUL

SPIELERISCH SCHON ANSPRUCHSVOLL:
DIE OBERLIGA

EIN
KOMMENTATOR
GEHT STEIL

»Your boys took a hell of a beating«, schreit der norwegische TV-Kommentator Bjørge Lillelien an einem unvergesslichen Abend des Jahres 1981 in sein Mikrofon. Sein Land hat gerade ein Spiel gewonnen. Eine Partie eigentlich ohne großen Wert. Doch das zählt alles nicht. Für Lillelien gibt es kein Halten mehr. Sein Kommentar ist eine Legende: »Wir sind die Besten der Welt! Wir sind die Besten der Welt! Wir haben England mit 2:1 geschlagen – im Fußball. Es ist einfach nicht zu glauben. Wir haben England geschlagen. England, das Geburtsland solcher Giganten wie Lord Nelson, Lord Beaverbrook, Sir Winston Churchill, Sir Anthony Eden, Clement Attlee, Henry Cooper, Lady Diana – wir haben sie geschlagen. Maggie Thatcher, können Sie mich hören? Maggie Thatcher, ich habe eine Nachricht für Sie. Jetzt gerade mitten im Wahlkampf. Wir haben England aus dem Wettbewerb gekegelt. Maggie Thatcher, lassen Sie es mich in Ihrer Sprache sagen, in der Sprache der Boxing Bars rund um den Madison Square Garden in New York: Ihre Jungs haben heute tüchtig einen auf den Sack bekommen. Your boys took a hell of a beating!«

HÄRRINGERs SPOTTSCHAU

BEKLOPPTE FUSSBALL LIEBE

Geteiltes Leid ist halbes Leid, dachte sich wohl ein Fan und wollte seinen Sohn »Relegation« nennen. Das bedeutet im Englischen Abstieg. Und da sein Verein gerade mal wieder mitten im Abstiegskampf steckte, erschien ihm der Name äußerst sinnvoll. Doch das Amt gestattete ihm diesen nicht. Allerdings war das für den verrückten Vater kein Problem. Er entwarf sogleich eine andere Variante. Und so heißt der Junge nun mit Vornamen: Relly Gation. Fußball-Liebe kann so herrlich bekloppt sein. Das musste auch Clare Smith aus Blacktown erfahren. Die stolze Mutter erzählte eines Tages kopfschüttelnd eine nahezu unglaubliche Geschichte: »Wir haben unsere Tochter Lanesra genannt, weil es so ein schöner und einzigartiger Name ist. Erst als sie zwei Jahre alt wurde, hat mein Mann mir gebeichtet, dass ihr Name der seines Lieblingsfußballklubs Arsenal ist – rückwärts geschrieben.«

Trickgendern beim DFB

... INKLUSION UND NICHT EXKLUSION, DU WICHSER!
TOURETTE-SYNDROM.
AUU...
HUBBE

87

PODOLSKI UND DER POKAL

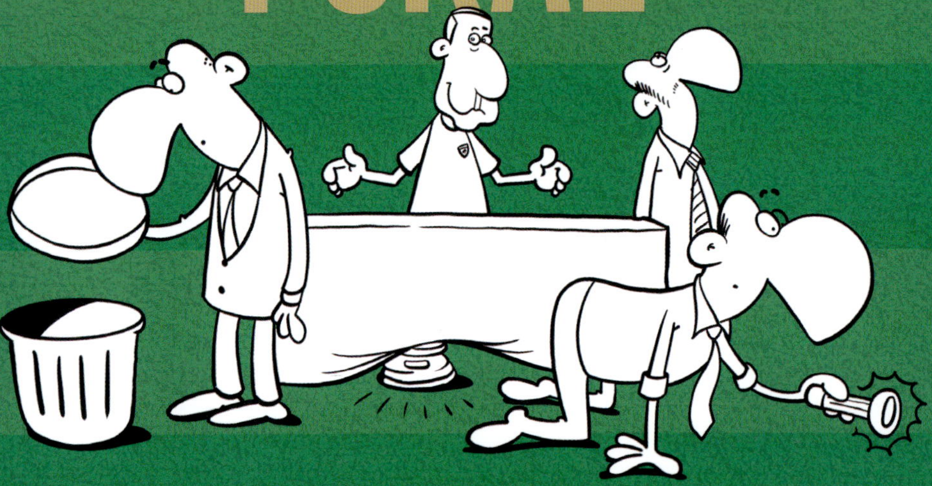

Nach neun langen Jahren holt der FC Arsenal im Jahr 2014 endlich mal wieder einen Titel, den FA-Cup. Und danach wird natürlich gefeiert. Tüchtig gefeiert. 200.000 Fans auf den Straßen und die Mannschaft zum Empfang im Rathaus. Mittendrin: Lukas Podolski. Und wie man ihn kennt, erlaubt sich der Weltmeister an diesem herrlichen Tag einen kleinen Scherz und versteckt den Pokal in einem unbeobachteten Moment unter einem Tisch. Panik bricht aus, als die Ersten bemerken, dass der Pott weg ist. Spieler und Offizielle kriechen auf dem Boden, schauen hinter jeden Vorhang und rennen wild durcheinander. Chaos bei Arsenal! Nur einer bleibt cool und gelassen und schaut sich das Spektakel grinsend an. Erst nach endlos langen und quälenden Minuten geht Podolski schließlich zum Tisch und zieht den Pokal hervor. Erleichterung überall und ein freudig feixender Podolski. Und dann? Dann ging die Party natürlich weiter.

Für viele Mannschaftskapitäne Retter in der Not: Der Bindenhund

HÄRRINGERs SPOTTSCHAU

Was ist nur aus der guten alten Bierdusche geworden!

TJA, KINDER, MIT DIESEN
MIESEN LEISTUNGEN BLEIBT EUCH NUR
DER ABSTIEG IN EINE ZWEITKLASSIGE
FAMILIE IN DER PROVINZ.

ZEUGNISTAG BEI FUßBALLMANAGERN

DIE BLUTBLASE UND DIE BOHRMASCHINE

Der erste Platz der skurrilsten Verletzungen eines Fußballers außerhalb des grünen Rasens geht ganz ohne Zweifel und unangefochten an Darius Vassell. Der ehemalige englische Nationalspieler – damals in Diensten von Aston Villa – schießt mit seiner Verletzung für alle Zeiten den Vogel ab. Denn eins steht fest: Viel dämlicher kann man sich nicht selbst verstümmeln. Statt einen Arzt zu konsultieren, dachte sich Vassell beim Anblick seiner kleinen Blessur wohl ganz im Sinne einer populären Baumarktwerbung: »Respekt, wer's selber macht.« Und so war die Blutblase unter einem Zehennagel für den Hobby-Heimwerker Vassell ein klarer Fall für die Bohrmaschine. Mit ordentlich Schmackes setzte er den 8 mm-Flachfräsbohrer auf den Nagel und gab Gummi. Leider konnte Vassell die wilde Fahrt nicht rechtzeitig stoppen und senste einmal komplett durch den Zeh hindurch. Da er dabei nicht nur die Blase zerstach, verheilte die Wunde anschließend aufgrund einer Blutvergiftung nur äußerst zäh.

AUCH VÄTERN GELINGT DER SPAGAT ZWISCHEN BERUF
UND FAMILIE OFT NUR SCHWER

HRUBESCH UND DER PAPST

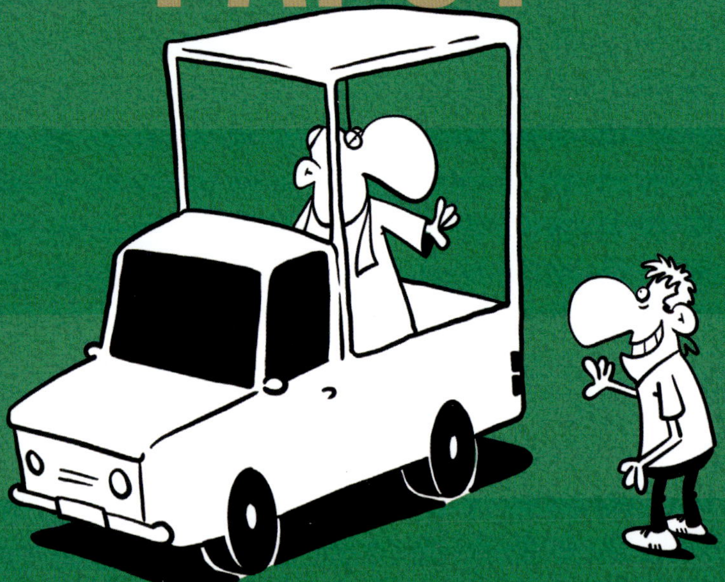

Es war kein Wunder, dass die DFB-Elf am 22. Juni 1980 das Stadion in Rom gegen Belgien als Europameister verließ. Es war der Papst! Und das kam so. Stürmer Horst Hrubesch macht keinen Hehl daraus, dass ihm der Heilige Vater höchstpersönlich die Kraft für seine beiden Endspiel-Tore gegeben hatte. Denn kurz nach dem torlosen Spiel gegen Griechenland, durch das die deutsche Elf das Finale dieser EM erreicht hatte, ging Hrubesch zum Bundestrainer und bat ihn nervös, noch einmal für eine Stunde in die Stadt gehen zu dürfen. Jupp Derwall willigte widerwillig ein. Und dann, genau eine Stunde später, stand Hrubesch wieder vor ihm und lächelte. Schon von Weitem rief er: »Trainer, ich habe ihn gesehen! Ich habe ihn gesehen, den Papst, Trainer! Den Papst, wirklich, ganz aus der Nähe habe ich ihn gesehen.« »Horst sah glücklich aus, zufrieden und voller Dankbarkeit«, so Derwall. Und am nächsten Tag schoss er Deutschland mit dem Papst im Herzen zum Europameister.

Ronaldo & Co in der Ü-35-PetrodollarSuperLeague!

HÄRRINGERs SPOTTSCHAU

DER FUSSBALLGOTT

SO IST FUSSBALL
CARTOONIST*INNEN

Oli Hilbring ★★★★

wurde 1968 in Ludwigshafen geboren. Er lebt mit Familie, vielen Stiften und Hund in Bochum. Er veröffentlicht unter anderem in *Revier-Sport*, im *Rookie Magazin* und auf *ehrensenf.de*. Zudem betreibt er den Cartoon-Blog »Schön doof«. Im Jahr 2022 belegte er den ersten Platz beim »Deutschen Cartoonpreis«. **www.oli-hilbring.de**

Herausgeber; Cartoons: S. 16, 33, 56, 86, 105, 119 sowie alle Illustrationen

Ben Redelings ★★★★

wurde 1975 im Flutlichtschatten des Bochumer Ruhrstadions geboren und ist Experte für die unterhaltsamen Momente des Fußballs. Seit 2004 beweist er auf amüsante Art, dass dieser populäre Sport weit mehr ist als nur ein Spiel über 2 x 45 Minuten. Als Kolumnist schreibt Ben wöchentlich für die Seiten von n-tv.de. **www.scudetto.de**

Autor aller Texte im Buch

BURKH ★★★★

wurde 1952 in Mölln geboren und wuchs in Mönchengladbach auf. Er studierte Bildende Kunst in Münster und veröffentlicht im *Eulenspiegel*, in der *taz*, im *kicker* und als Buchautor in verschiedenen Verlagen. Beim »Deutschen Karikaturenpreis« belegte er im Jahr 2006 den dritten Platz, 2008 den ersten Platz und 2022 erhielt er den Publikumspreis. **www.burkh.com**

Cartoons: S. 24, 46, 60, 82, 84, 95, 107, 116

Birgit Dodenhoff ★★★★

Jahrgang 1969, Studium Kommunikationsdesign. Ihre Cartoons erscheinen u.a. im Lappan Verlag, im *Eulenspiegel* und anderen Printmedien sowie auf fb und insta unter dodenhoff_cartoons. catprint. de/artist/birgit-dodenhoff

Cartoons: S. 8, 9, 27, 51, 66, 73, 99, 106

Miguel Fernandez ★★★★

1974 bei Hannover geboren, zeichnet seit 2005 Cartoons und Illustrationen, seit 2006 sogar vorzeigbar. Zahlreiche Buchveröffentlichungen. **www.miguelfernandez.de**

Cartoons: S. 17, 26, 47, 79, 87, 92, 102, 120

Kai Flemming ★★★★

wurde 1964 geboren. Er arbeitet als Werbetexter. Seine Cartoons veröffentlicht er unter anderem in der *Frankfurter Rundschau*. Im Jahr 2017 wurde er beim »Deutschen Karikaturenpreis« als bester Newcomer ausgezeichnet, 2021 belegte er den zweiten Platz.
www.kaiflemming.com

Cartoons: S. 15, 30, 64, 98, 112

Christoph Härringer ★★★★

ist so alt wie die Bundesliga. Seine *Spottschau* erscheint jeden Samstag in vielen deutschen Tageszeitungen.
www.spottschau.com

Cartoons: S. 31, 48, 77, 94, 118

Hauck & Bauer ★★★★

Foto: Hans-Jörg Pochmann

Elias Hauck und Dominik Bauer sind beide Jahrgang 1978 und stammen aus Alzenau. Hauck zeichnet und Bauer schreibt die Texte für ihre Cartoons. Das Duo veröffentlicht unter anderem in der *Frankfurter Allgemeinen Sonntagszeitung* und in *Titanic*. Sie wurden mehrfach ausgezeichnet, zuletzt 2021 mit dem Sondermann-Preis für Komische Kunst.
www.hauckundbauer.de

Cartoons: S. 32, 49, 58, 78, 114

Michael Holtschulte ★★★★

Jahrgang 1979, lebt und arbeitet als Cartoonist und Illustrator in Essen. Zeichnet für zahlreiche Zeitungen und Magazine. Seine Cartoons sind wöchentlich auf **totaberlustig.de** zu sehen.

Cartoons: S. 22, 34, 50, 71, 103, 115

Phil Hubbe ★★★★

wurde 1966 in Haldensleben geboren. Er zeichnet regelmäßig für diverse Tageszeitungen sowie die Zeitschrift *kicker*. 1985 erkrankte er an Multipler Sklerose und machte auch dies zum Thema seiner Cartoons. Im Jahr 2006 wurde er mit dem »Hertie-Preis« für Engagement und Selbsthilfe ausgezeichnet.
www.hubbe-cartoons.de

Cartoons: S. 23, 38, 65, 85

Dorthe Landschulz ★★★★

ist in Hamburg geboren, studierte in ihrer Heimatstadt Illustration und lebt heute als Cartoonistin in der Bretagne. Ihre Cartoons finden sich in *Eulenspiegel, TAZ, Le Monde*, wöchentlich im *Stern* und in zahlreichen Büchern. Dorthe gewann bereits mehrere Preise für ihre Arbeit. Bei Facebook und Insta findet ihr sie unter »*Ein Tag Ein Tier*«.

Cartoons: S. 12, 35, 54, 76, 93

Til Mette ★★★★

wurde 1956 in Bielefeld geboren. Er studierte Kunst und Geschichtswissenschaften in Bremen. Seit 1995 erscheinen seine Cartoons exklusiv im *Stern*. Er wurde vielfach ausgezeichnet. Im Jahr 2013 belegte er beim »Deutschen Cartoonpreis« den ersten, 2020 den dritten Platz.
www.tilmette.com

Cartoons: S. 18, 39, 89, 97, 117

Oliver Ottitsch ★★★★

Jahrgang 1984, ist ein österreichischer Cartoonist und Karikaturist. 2023 belegte er den dritten Platz beim »Deutschen Karikaturenpreis« und den zweiten Platz beim Cartoonpreis in der Schweiz.
www.ottitsch.com

Cartoons: S. 6, 25, 41, 55, 68, 70

Ari Plikat ★★★★

1958 in Lüdenscheid geboren, Ausbildung zum Grafiker, danach studiert er Visuelle Kommunikation in Leeds und Dortmund. Arbeitet freiberuflich als Illustrator und Cartoonist. Seine Cartoons erscheinen u. a. in *Titanic, taz, Zitty, Pardon, Eulenspiegel, iTALien*.
www.ariplikat.de

Cartoons: S. 19, 42, 57, 109, 121

Stephan Rürup ★★★★

kam 1965 als Handballer zur Welt, studierte Design an der FH Münster, arbeitet heute als Cartoonist, Karikaturist, Bilderbuchautor u. Illustrator für versch. Zeitungen u. Verlage. 2000–2014 Redaktionsmitglied bei *Titanic*. 2008 erhielt er den »Bernd-Pfarr-Sonderpreis für Komische Kunst«. 2012 belegte er den dritten, 2018 den ersten Platz beim »Deutschen Cartoonpreis«. www.hoeheregewalt.de
Cartoons: S. 14, 61, 83, 104, 113

Schilling & Blum ★★★★

Das Duo besteht aus Michael Schilling, geboren 1983 in Mannheim, und Jan Blum, geboren 1982 in Euskirchen. Von Köln und London aus veröffentlichen sie Cartoons, u.a. in *Psychologie heute, Stern* und *Titanic*. Im Jahr 2014 belegten sie den dritten Platz beim »Deutschen Karikaturenpreis«.
www.vomlebengezeichnet.de

Cartoons: 13, 40 67, 72, 108

Guido Schröter ★★★★

veröffentlicht seit 1989 Fußball-Cartoons in div. Printmedien. Begonnen hat alles mit Comics über die Fans und Spieler des FC St. Pauli in den Fanzines *Millerntor Roar* u. *Übersteiger*. Ab 1995 Cartoons über das gesamte Fußballgeschehen, die in *Hattrick, 11 Freunde* und verschiedenen Stadionmagazinen erschienen. Seit 2004 Comic-Kolumne »FUSSBALLGÖTTER« in der *Süddeutschen Zeitung*. www.guidoschroeter.de
Cartoons: 43, 59, 69, 88, 96

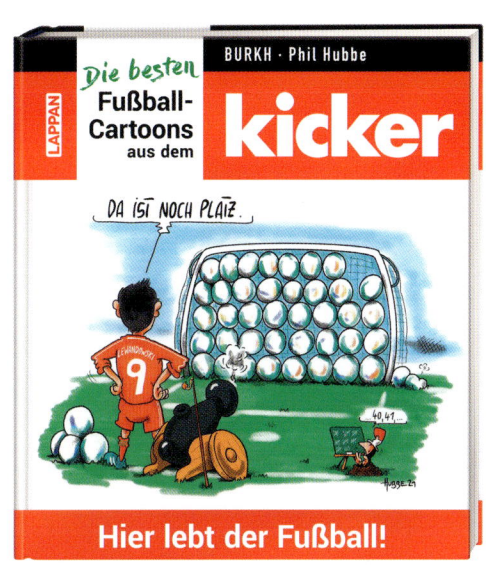